AF346703

FRAGMENS

Composés du PROLOGUE, des Entrées du FEU & de l'AIR du Ballet des Elemens, & de l'Acte de PHILEMON & BAUCIS du Ballet de la Paix.

Representés devant le ROI, sur le Théatre des petits Appartemens à Versailles.

Imprimés par exprès Commandement de
SA MAJESTE'.

M. DCC. XLVIII.

Les Paroles sont de M. ROY, Chevalier de l'Ordre
de S. Michel.

La Musique du Ballet des Elemens est du Sieur
DESTOUCHES, Surintendant de la
Musique du ROI.

Celle du Ballet de la Paix est des Sieurs REBEL
& FRANCŒUR, Surintendans de la
Musique du ROI.

Les Danses sont de la composition du Sieur DEHESSE.

ORCHESTRE.

Clavecin,	Mr Ferrand.

Violoncelles,
- Le Sr Jeliote,
- Le Sr Labbé l.
- Le Sr Chrétien,
- Le Sr Picot,
- Mr Duport,
- Le Sr Antonio,
- Le Sr Dubuisson.

Bassons,
- M^r le Prince de DOMBES,
- Le Sr Marliere,
- Le Sr Blaise.

Violes,
- Mr de Dampiere,
- M^r le Marquis de Sourches.

Flutes,
- Mr de Buffillet,
- Le Sr Blavet.

Hautbois,
- Le Sr Deselles,
- Le Sr Desjardins.

Violons, premiers-dessus,
- Le Sr Mondonville,
- Le Sr Lalande,
- Le S^r le Roux,
- Mr de Courtaumer,
- Le Sr Mayer.

Violons, seconds-dessus,
- Le Sr Guillemain,
- Le Sr Marchand,
- Le Sr Caraffe l.
- Mr Fauchet,
- Mr Belleville.

Trompette,
- Le Sr Caraffe &c.

CHŒURS CHANTANS.

Côté du ROI.	Côté de la REINE.

Les Dlles

De Selle, ⎫
Canavas, ⎬ Dessus.

Les Srs

Camus, ⎫
Gerome, ⎬ Dessus.

Le Begue, ⎫
Poirier, ⎬ Haute-Contres.

Daigremont, ⎫
Cardonne, ⎬ Tailles.

Benoist, ⎫
Ducros, ⎬ Basses.
Dupuis.

Les Dlles

Godonesche, ⎫
Daigremont, ⎬ Dessus.

Les Srs

Falco, ⎫
Francisque, ⎬ Dessus.

Bazire, ⎫
Dugué, ⎬ Haute-Contres.

Richer, ⎫
Tavernier, ⎬ Tailles.

Godonesche, ⎫
Dubourg, ⎬ Basses.

Le Sieur DE BURY sur le Théatre pour la conduite
du Spectacle.

ACTEURS DU PROLOGUE.

LE DESTIN.   *Monsieur le Marquis*
                       DE LA SALLE.

VENUS.   *Madame* DE MARCHAIS.

CHŒURS DES DIEUX ELEMENTAIRES
ET DES PLAISIRS DE LA SUITE DE
VENUS.

PERSONNAGES DANSANS.

PLAISIRS ET GRACES DE LA SUITE DE VENUS.

Monsieur le Marquis de *LANGERON*.

Les Sieurs *Balleti*, *Piffet*, *Barois*, *Dupré*.

La Demoiselle *Camille*.

Les Demoiselles *Astraudi*, *Marquise*, *Dorfeuil*, *Chevrier*, *Durand*, *Foulquier*.

PROLOGUE.

Le Théatre repréfente le Cahos : c'eft un amas de nuages,
de rochers, d'eaux immobiles & fufpendues, de feux
qui s'échappent par des volcans. Le Deftin eft placé au
milieu du Théatre.

SCENE PREMIERE.

LE DESTIN.

Es temps font arrivés ; ceffez, trifte Cahos :
Paroiffez, Elemens : Dieux, allez leur prefcrire
 Le mouvement & le repos :
Tenez-les renfermés chacun dans fon Empire.

Coulez, Ondes, coulez ; volez, rapides Feux ;
Voile azuré des Airs, embraffez la Nature ;
Terre, enfante des fruits, couvre-toi de verdure ;
 Naiffez, Mortels, pour obéir aux Dieux.

Le feu monte à sa sphére, les nuages s'étendent, les arbres couverts de fleurs & de fruits sortent de terre , & les deux aîles du Théatre découvrent les Dieux des Elemens.

LE CHŒUR.

Paix adorable ,

Regnez sur nous :

Sans vous, rien n'est durable ;

L'ordre de l'Univers ne dépend que de vous.

SCENE SECONDE.

VENUS, LE DESTIN, Suite de Venus.

VENUS.

*T*Andis qu'entre les Dieux le Monde se partage ,

Qu'aux divers Elemens ils doivent présider,

L'Amour est oublié, c'est l'Amour qu'on outrage :

Sans lui tant d'intéréts peuvent-ils s'accorder ?

Rappellons aujourd'hui la Discorde bannie,

Hâtons-nous , rompons ses fers ;

Dans le premier cahos replongeons l'Univers ;

Des Elemens détruisons l'harmonie.

LE DESTIN.

Rassure-toi, Venus : à ces Dieux j'ai soumis
     La Terre, le Feu, l'Air & l'Onde ;
Mais que sert de marquer un Empire à ton Fils ?
Ce seroit le borner ; n'a-t-il pas tout le Monde ?

VENUS.

Combien verrai-je, hélas, durer tous ces honneurs,
     S'il est vrai qu'un Mortel doit naître,
     Qui des autres parfaits maître,
Doit un jour à mon Fils disputer tous les Cœurs ?

LE DESTIN.

     Après cent Rois célèbres dans l'Histoire,
Il viendra des Mortels accomplir les desirs ;
Mais il doit des Héros rappeller la mémoire ;
Et laissant à ton Fils l'Empire des Plaisirs,
     Il ne voudra que celui de la Gloire.

VENUS.

     Mes soupçons jaloux sont flais :
Toi, à qui l'avenir se montre sans nuage,

Deftin, faites-moi voir l'image
De ce Mortel fi femblable à mon Fils.

On voit paroître la Statue du Roi.

LE DESTIN.

Tu le vois ; c'eft des Dieux le plus parfait Ouvrage :
Célebrons les beaux jours que fon regne préfage.

VENUS, alternativement avec les Chœurs.

Trompettes, éclatez, frappez, percez les airs,
Éclatez, annoncez un Maître à l'Univers.

Tous les Cœurs volent fur fes traces ;
Tous les Dieux vont s'unir pour fa félicité :
Sur fon augufte front brille la Majefté ;
Dans fes yeux regnent les Graces.

Trompettes, éclatez, &c.

On danfe.

VENUS.

Que l'Air forme pour lui de douces influences.

LE DESTIN.

Que la Terre pour lui produife des lauriers.

E N S E M B L E.

Que le feu prompt pour ses vengeances,
De cent foudres mortels arme ses fiers Guerriers :
Que ses Vaisseaux, maîtres des Ondes,
Lui portent les trésors & les vœux des deux Mondes.

On danse.

V E N U S seule.

Songez à faire usage
De vos loisirs ;
La raison du bel âge,
C'est le choix des plaisirs :

Qu'Amour regne en vos fêtes,
Venez, suivez ses pas ;
Si ce Dieu n'en est pas,
Vos jeux ont moins d'appas :

Il vous offre en ces lieux
Vos premieres conquêtes ;
Il n'attend que vos vœux ,
Hâtez-vous d'être heureux.

On danse.

VENUS, *alternativement avec les Chœurs.*

Ne prenez que l'Amour pour Maître.
Craignez moins ses tendres langueurs:
C'est pour lui qu'il vous a fait naître;
Vivez pour lui, méritez ses faveurs:
Sur ses pas les Plaisirs vont paroître;
Le chercher, le sentir, le connoître,
C'est le seul bien qui soit digne des Cœurs.

On danse.

LE CHŒUR.

Trompettes, éclatez, frappez, percez les airs,
Eclatez, annoncez un Maître à l'Univers,

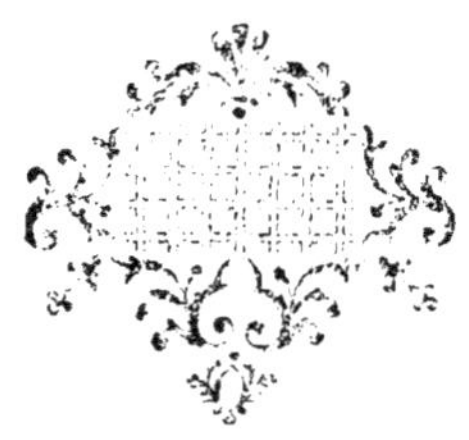

LE FEU,

ENTRÉE DU BALLET

DES ELEMENS.

ACTEURS.

EMILIE. *Madame la Marquise* DE POMPADOUR.

VALERE. *Monsieur le Duc* D'AYEN.

L'AMOUR.

CHŒUR DE CHEVALIERS ROMAINS.

CHŒUR DE PRESTRESSES DE VESTA.

PERSONNAGES DANSANS.

VESTALES.

La Demoiselle *Puvigné.*

Les Demoiselles *Dorseuil, Marquise, Chevrier, Astraudi, Durand, Foulquier.*

CHEVALIERS ROMAINS.

M. le Marquis DE COURTANVAUX.

Les Sieurs *la Riviere, Beat, Lepy, Berterin, Gougis, Rousseau.*

LE FEU.

Le Théatre repréfente le Veftibule du Temple de Vefta ;
& au fond, le Sanctuaire où eft le Feu facré.

SCENE PREMIERE.

EMILIE, PRESTRESSES DE VESTA.

CHŒUR.

LAMME que révere
Cet Empire heureux,
De nos fiers ayeux
Tréfor tutelaire,
Rayon précieux
Du flambeau des Cieux,
Nuit & jour éclaire,
Et défend ces lieux.

EMILIE.

Brillez dans ces beaux lieux, brillez flamme éternelle,
Gage de notre gloire, objet de notre zéle.

Dès mes plus tendres ans asservie à vos loix,
    Sous son empire un autre Dieu m'appelle ;
L'Hymen m'offre aujourd'hui la chaîne la plus belle,
Et je sers vos Autels pour la derniere fois.

Brillez dans ces beaux lieux, brillez flamme éternelle,
Gage de notre gloire, objet de notre zéle.

LE CHŒUR.

    On vous doit la gloire,
    Les jours des Césars ;
    Par vous la victoire
    Suit vos étendars.

    Unique espérance,
    Source de bienfaits,
    Versez l'abondance,
    Donnez-nous la paix.

    On danse,

EMILIE.

O Vesta, terrible Déesse !
Tu veux qu'un trépas honteux
Soit la peine de la Prêtresse
Qui laisse éteindre tes feux,
Aux Prêtresses.
Que vos soins assidus préviennent sa vengeance,
Que vos fidéles cœurs attirent ses bienfaits :
Un nœud mystérieux enchaîne pour jamais
Ses honneurs & notre puissance,

On danse.

EMILIE à sa Suite.

Sortez. Tant que la nuit obscurcira les airs,
Sur le dépôt sacré j'aurai les yeux ouverts.

SCENE SECONDE.

EMILIE.

A Mour, de mon bonheur assure le présage ;
Et d'un songe importun chasse l'image.

C

SCENE TROISIEME.

EMILIE, VALERE.

EMILIE.

AH ! *Valere, quel temps vous présente à mes yeux !*
Un Mortel ose-t-il pénetrer dans ces lieux ?

VALERE.

Ma flamme impatiente
A vaincu tout obstacle : Est-ce un crime pour moi ?
Est-ce offenser le Ciel garant de votre foi ?

L'Amour va combler mon attente ,
Bientôt l'Aurore naissante
Me voit l'heureux Rival des Dieux :
Que je lise du moins mon bonheur dans vos yeux ;
Ne me refusez pas un regard qui m'enchante.

EMILIE.

Ah ! devez-vous ici me parler de vos feux ?

VALERE.

Quel asile si sévere

Est interdit à l'Amour?
Dans quel Temple ce Dieu ne se fait-il pas jour?
Il est le souverain des Dieux qu'on y révere.

    Vos beaux yeux sont baignés de pleurs.
Eh, qui les fait couler?

EMILIE.

    Hélas! j'ai tout à craindre:
Le Ciel à notre hymen présage mille horreurs.

VALERE.

Ah! vous ne m'aimez plus.

EMILIE.

    Je serois moins à plaindre:
Apprenez donc tous nos malheurs.

Les voiles de la nuit commençoient à s'étendre:
Un songe trop flateur vous offroit à mes yeux;
Je vous parlois: jamais mon cœur ne fut plus tendre;
Quand de tristes clameurs ont monté jusqu'aux Cieux.
J'ai vû Vesta; sa voix a glacé mon courage;
Le Temple en a tremblé... Du milieu d'un nuage,

Des feux étincelans ont éclaté sur nous,
Au moment que la mer me séparoit de vous.

VALERE.

Reprenez l'espérance,
Nos feux seront victorieux ;
Et j'en ai pour garants les Dieux,
Vos attraits & ma constance.

EMILIE.

Jusqu'au jour naissant abandonnez ces lieux,
Je vais de mes devoirs remplir la loi suprême ;
Je dois veiller ici.

VALERE.

L'Amour veille pour nous.

EMILIE.

Ce sont mes devoirs saints, le Ciel en est jaloux ;
Je retourne à l'Autel.

VALERE.

Vous fuyez qui vous aime.

EMILIE.

A mon bonheur je m'arrache moi-même ;
Je porte à la Déesse un cœur trop plein de vous,

VALERE.

L'absence d'un moment m'est un supplice extrême:

SCENE QUATRIEME.

Le Théatre s'obscurcit par l'extinction du Feu sacré,
& la clarté cede à la nuit,

VALERE, CHŒUR DE PRESTRESSES,

LE CHŒUR,

QUel bruit affreux ! Quelle nuit effroyable ?
O fort cruel ! O Prétresse coupable !

VALERE.

De quels funestes cris retentissent ces lieux ?

SCENE CINQUIEME.

EMILIE, VALERE.

EMILIE.

Qu'ai-je fait ! Quelle horreur ! Tonnez , frappez ,
grands Dieux :
Sur moi seule épuisez votre haine implacable.

VALERE.

Qu'avez-vous, Emilie? Et quel trouble confus. . . .

EMILIE.

Je tremble , je frémis , le Feu sacré n'est plus.

J'entens déja la foudre menaçante,

Les Prêtres, le Sénat, les Peuples en fureur :

L'on creuse mon tombeau , l'on m'y traîne vivante.

Et d'une lente mort j'y vais subir l'horreur.

VALERE.

Ah ! périsse plutôt ce Peuple & sa puissance :
Périssent mille fois

Les aveugles auteurs de ces barbares loix,
Qui des fautes du fort accablent l'innocence.
Je vous verrois mourir! Impitoyables Dieux !
Ah ! si des feux si purs arment votre vengeance,
Qui donc est innocent, ou coupable à vos yeux ?

EMILIE.

Ne faites point aux Dieux un reproche inutile.

VALERE.

Fuyons de ces funestes lieux,
Suivez qui vous adore. . . .

EMILIE.

Où sera notre asile ?
Non, non, laissez-moi seule attendre le trépas :
Ici votre présence offense trop ma gloire,
Et vos efforts ne me sauveroient pas.
Adieu, conservez ma mémoire ;
Je pardonne au Ciel en courroux,
S'il ajoute à vos jours ceux que je perds pour vous.

ENSEMBLE.

Ciel implacable que j'implore,

Frappe, lance tes coups, termine nos malheurs ;
Non, non, fais sur moi { *seul* / *seule* } *éclater tes rigueurs,*
Epargne l'objet que j'adore.

Mais quel éclat se répand dans ces lieux !
C'est l'Amour qui descend des Cieux.

SCENE SIXIEME.

L'Amour, un Flambeau à la main, descend sur un nuage,
& rallume le Feu sacré.

L'AMOUR, EMILIE, VALERE.

L'AMOUR.

Mon Flambeau sur l'Autel fait revivre la flame.
Les maux que fait l'Amour, il sçait les réparer.
Vivez, belle Emilie, & rassurez votre ame,
C'est votre hymen que je viens éclairer.

EMILIE & VALERE.

Tu fléchis les Destins contraires,
Amour, ah ! qu'à ce prix nos peines nous sont cheres !

L'AMOUR.

Venez, Peuples, venez, célébrez ce beau jour ;
L'hymen d'une Vestale a fondé votre Empire ;
Un autre y fait briller le Flambeau de l'Amour :
Chantez, ouvrez vos cœurs aux transports que j'inspire.

Les Seigneurs Romains entrent pour conduire la Vestale
hors du Temple.

VALERE au Peuple.

Vous qui voyez l'objet dont je suis enchanté,
Applaudissez à ma félicité.

On danse.

VALERE à Emilie.

Le Feu qu'en ce Temple on adore,
Languit, s'éteint, s'il manque de secours ;
Le feu qui pour vous me dévore,
A pris dans vos beaux yeux de quoi durer toujours.

AU CHŒUR.

Que de vos chants retentissent les airs,
Je triomphe du fort qui nous faisoit la guerre ;

D

L'Amour commande au Ciel, à la Terre, aux Enfers,
Et dans la main des Dieux il éteint le tonnerre.

LE CHŒUR.

Que de nos chants retentissent les airs.
Triomphez du Destin qui vous faisoit la guerre ;
L'Amour commande au Ciel, à la Terre, aux Enfers,
Et dans la main des Dieux il éteint le tonnerre.

On danse.

L'AIR,

ENTRÉE DU BALLET

DES ELEMENS.

ACTEURS.

IXION.   *Monsieur le Marquis*
DE LA SALLE.

JUNON.   *Madame la Duchesse*
DE BRANCAS.

MERCURE.   *Monsieur le Vicomte*
DE ROHAN.

JUPITER.

UNE DES HEURES.   *Madame*
DE MARCHAIS.

LES HEURES DU JOUR & DE LA NUIT.

CHŒURS D'AQUILONS & DE ZEPHIRS.

PERSONNAGES DANSANS.

LES ZEPHIRS.

Les Sieurs Beau, la Riviere, Lepy, Rousseau, Piffet,
Dupré, Barois, Balleti.

LES HEURES.

La Demoiselle Camille.

Les Demoiselles Dorfeuil, Marquise, Chevrier,
Durand, Foulquier.

L'AIR.

Le Théatre repréfente le Palais de Junon.

SCENE PREMIERE.

IXION.

DE la Reine des Airs tout m'annonce la gloire,
Et tout ce que je vois irrite mes defirs.
Defirs ambitieux, hélas ! dois-je vous croire ?
Faut-il vous étouffer, & perdre mes plaifirs ?
Malheureux Ixion, quel efpoir de victoire
    Autorife ici tes foupirs ?

SCENE SECONDE.

MERCURE, IXION.

MERCURE.

DEpuis que je vous vois à la table des Dieux,
Vous n'avez point encore employé ma puissance :
Verriez-vous nos Beautés avec indifférence ?
Ne m'en imposez pas ; Mercure a de bons yeux.

IXION.

Tout occupé du rang où mon bonheur me place,
Nul autre soin ne m'embarrasse.

MERCURE.

Pour occuper les Cœurs, la grandeur n'a qu'un jour ;
Bientôt son éclat importune :
Et la plus brillante fortune,
Pour nous désennuyer, nous rend au tendre Amour.

Aimez ; n'est-il donc rien qui puisse ici vous plaire ?

IXION.

Hé bien, conseillez-moi ; quel choix devrois-je faire ?

MERCURE.

De l'ennui d'un vieil époux
Confolez la jeune Aurore ;
A Zéphire difputez Flore ;
Quel triomphe fera plus doux ?
L'une & l'autre vous implore
Contre l'Amant volage , & le Mari jaloux.

IXION.

Non , non , à ces Beautés je ne rends point les armes.
L'Aurore avec Céphale oubliera fes malheurs :
Il fçait l'art de tarir fes pleurs ;
Et Flore connoît peu les charmes
Des fidéles ardeurs.

Non , non , à ces Beautés je ne rends point les armes.

MERCURE.

Pour votre cœur généreux & fidelle ;
La fierté de Junon feroit belle à dompter.

IXION.

De Junon ?

MERCURE.

Je sçai trop votre respect pour elle;
Par des soins empressés on le voit éclater.

IXION.

Pour la Reine des Cieux peut-on blâmer mon zéle?

MERCURE.

S'il n'est rien dans les Cieux qui vous puisse arrêter,
Descendons sur la Terre, où Jupiter m'appelle :
Occupons, comme lui, quelque aimable Mortelle.

IXION.

A vos sages conseils qui pourroit résister?

ENSEMBLE.

Consultons le plaisir, écoutons moins la gloire;
Des aveugles Mortels évitons les erreurs :
Ils cherchent, en aimant, l'éclat de la victoire ;
Contentons-nous d'en goûter les douceurs.

MERCURE.

Vous ne me suivez pas?

IXION.

Préparez la conquête,
J'attens votre retour.

MERCURE.

Je sçai ce qui t'arrête.

IXION à part.

Auroit-il reconnu l'objet de mon amour?

SCENE TROISIEME.

Le Palais de Junon s'ouvre ; elle est sur son Trône ;
le Temps est à ses pieds ; les Heures à côté d'elle, avec
les Aquilons & les Zéphirs. Iris paroît sur son Arc
derriere le Trône.

JUNON, LES ZEPHIRS, LES AQUILONS, LES HEURES.

LE CHŒUR.

Triomphez, triomphez, Souveraine des Airs ;
Tout est prêt d'obéir à vos ordres divers.

LES ZEPHIRS.

Recevez des Zéphirs les paisibles hommages.

LES AQUILONS.

Ouvrez aux Aquilons & la Terre & les Mers.

LES ZEPHIRS.

Par de beaux jours enchantons l'Univers.

LES AQUILONS.

Faisons voler par-tout l'horreur & les orages.

LES ZEPHIRS.

L'Aurore de ses feux va dorer les nuages.

LES AQUILONS.

Faisons regner la nuit & les hivers.

JUNON.

Aquilons, aux Zéphirs ne faites plus la guerre :
Laissez tous les Mortels jouir de mes présens :
C'est des Cœurs satisfaits que je veux de l'encens :
Junon fait son bonheur du repos de la Terre.

> *Diligente Aurore,*
> *Répandez encore*
> *Des feux plus brillans ;*
> *Commandez au Temps*

D'épargner de Flore
Les trésors naissans.

On danse.

UNE DES HEURES,
alternativement avec le Chœur.

Heures favorables
Aux vœux d'un Amant,
Coulez lentement,
Soyez durables.
Heures de peine & de tourment,
Passez promptement.

On danse.

JUNON, alternativement avec le Chœur.

Vole à ma voix, Dieu du Printemps,
Ton amour constant pour Flore
La rendra plus belle encore :
Regne, Dieu du Printemps,
Rends les Mortels toujours contens.

On danse.

JUNON.

Allez, Zéphirs, calmez le Ciel, la Terre & l'Onde ;

Allez, & de Junon répandez les bienfaits :
Qu'Iris annonce au Monde
Les beaux jours & la paix.

SCENE QUATRIEME.

JUNON, IXION.

JUNON.

ME trompai-je, Ixion ? Votre faveur nouvelle
M'assure-t-elle en vous un Ministre fidelle,
A qui je puisse ouvrir mon cœur ?

IXION.

Quelle gloire plus belle !
Quel bien pour moi plus précieux !
C'est lire dans mon cœur, que d'approuver mon zéle.
Ah ! de ce seul moment je me crois dans les Cieux.

JUNON.

Vous sçavez qu'en dépit de mon amour extrême,
Jupiter me trahit, m'offense chaque jour.

IXION.

Jupiter est perfide, & toujours Junon l'aime !
Quoi ! ce Dieu si chéri peut quitter ce Séjour !
Je l'ai cru moins heureux de sa grandeur suprême,
Que de l'excès de votre amour.

JUNON.

Allez, cher Ixion, descendez sur la Terre,
Mes Aquilons n'obéiront qu'à vous :
Sçachez quelle Beauté plaît au Dieu du Tonnerre,
Et livrez la Victime à mes transports jaloux.

IXION.

Avec bien moins de courroux
La vengeance se signale :
Ne punissez que l'Epoux,
Sans songer à la Rivale.

JUNON.

Eh ! qui peut remplacer Jupiter dans mon cœur ?

IXION.

Un Amant moins superbe, & plus rempli d'ardeur.

JUNON.

Que dites-vous ? D'une ardeur indiscréte
Quelque Dieu près de moi vous fait-il l'interpréte ?

IXION.

Un Dieu ! Qui donc d'entr'eux emprunteroit ma voix ?
Pour le bonheur d'un Dieu voudrois-je vous déplaire ?
Non , je vous armerois contre le téméraire.

JUNON.

J'estime ce courroux autant que je le dois.

IXION.

Ah ! n'en pouvez-vous pas pénétrer le mystere ?
Des feux les plus ardens je me sens dévorer :
        Jugez quelle est leur violence ,
Si , malgré le danger de rompre le silence ,
Un Mortel à Junon ose les déclarer ;
        Jugez quelle est leur violence.

JUNON.

Quel discours , quel horreur , quels transports furieux !
Pour jamais évite mes yeux.

IXION.

Non, j'aime mieux les voir tout armés de colère.

Non, précipitez-moi des Cieux ;
Si je ne vous vois pas, rien ne sçauroit m'y plaire :
Je vous suivrai par-tout, à toute heure, en tous lieux.
Non, précipitez-moi des Cieux ;
Partagez ou vengez un amour téméraire.

JUNON.

Quoi ! plus coupable encor tu braves ma fureur !

IXION.

Vos bontés m'ont trahi ; quand je voulois me taire ,
Vous avez arraché le secret de mon cœur.

Percez ce triste cœur, prenez votre Victime :
Frappez... je ne me puis repentir de mon crime...
A mes pleurs, à mes cris, à mes vives douleurs ,
N'offrez-vous d'autre prix que toutes vos rigueurs ?

Un nuage dérobe Junon aux yeux d'Ixion.

Mais quel nuage nous sépare !
Déesse, où fuyez-vous... Où suis-je ? Je m'égare :
Le nuage s'entr'ouvre... O spectacle fatal !

SCENE CINQUIEME.

JUPITER, IXION.

JUPITER.

Sers d'exemple aux ingrats, tombe au fond du
Tartare.

IXION.

Dieu cruel, Dieu barbare,
Je meurs au moins ton rival.

PHILEMON
ET
BAUCIS,
ENTRÉE DU BALLET
DE LA PAIX.

ACTEURS.

PHILEMON, Berger.   *Monsieur le Vicomte DE ROHAN.*

BAUCIS, Bergere.   *Madame la Marquise DE POMPADOUR.*

JUPITER, sous l'habit d'un Prince.   *Monsieur le Duc D'AYEN.*

MERCURE, aussi déguisé.   *Monsieur le Chevalier DE CLERMONT.*

CHŒUR DE BERGERS & DE BERGERES.

PERSONNAGES DANSANS

BERGERS & BERGERES.

Les Sieurs *Beat, la Riviere, Lepy, Rousseau, Gougis, Barois, Piffet, Berterin, Balleti, Dupré.*

Les Demoiselles *Puvigné, Camille, Chevrier, Dorfeuil, Astraudi, Marquise, Durand, Feulquier.*

PHILEMON ET BAUCIS.

Le Théatre repréfente un Hameau borné par
un Temple de Jupiter.

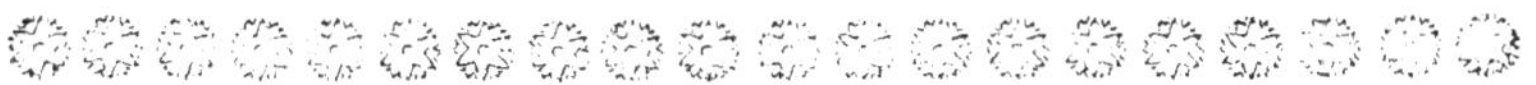

SCENE PREMIERE.

JUPITER, MERCURE.

MERCURE.

C E s Hameaux écartés, cette Retraite obfcure,
Cacheront-ils long-temps Jupiter & Mercure?

JUPITER.

Ecoute, & tu fera furpris
Des divers mouvemens dont mon ame eft atteinte.
J'aime Baucis ; Baucis fans détour & fans feinte,
Me parle d'un Berger dont fon cœur eft épris.

F ij

Mes feux par le dépit devroient être guéris ;
Mais l'ingrate qu'elle est, par ses pleurs, par ses charmes,
Enchaîne mon dépit, & m'arrache des larmes.
Son cœur est un trésor dont je sens tout le prix.
        Que faire dans ce trouble extrême ?
Je desire sans cesse, & crains son entretien ;
        Et cent fois j'ai pensé moi-même
        Préférer son bonheur au mien.

MERCURE.

Mais quel parti votre cœur veut-il prendre ?

JUPITER.

Tu vois d'ici mon Temple, où Baucis va se rendre ;
        C'est Jupiter qu'elle doit implorer :
L'Amant gémit des vœux que le Dieu doit entendre.
        Demeure, je vais préparer
        Un moyen d'ébranler son ame :
Profite de son trouble en faveur de ma flamme.

SCENE SECONDE.

BAUCIS, BERGERES portant des Corbeilles de fruits, & des Vases pour les Libations.

LE CHŒUR.

CHantons, uniffons-nous,
De Jupiter célébrons les conquêtes ;
Que ses tendres ardeurs foient l'objet de nos Fêtes :
Il aime un fouvenir fi doux.

On danfe.

BAUCIS.

Maître des Dieux, appui de l'innocence,
Ecoutez mes gémiffemens.
Un fidèle Berger a reçu mes fermens ;
Nos parens avec violence
Veulent brifer des liens fi charmans.
Grand Dieu, changez leurs cœurs ; jamais votre puiffance
N'aura favorifé de fi tendres Amans.

Maître des Dieux, &c.

LE CHŒUR.

Tendre Baucis, reprenez l'espérance ;
Puisse le Ciel terminer vos tourmens,

BAUCIS.

Venez, mes Compagnes fidelles,
Portons à Jupiter nos offrandes nouvelles.

SCENE TROISIEME.

MERCURE.

LE Souverain des Dieux tonne sur ces Autels,
Et la crainte & l'espoir y menent les Mortels :
Il les fait tous trembler ; mais il tremble lui-même
Près d'une Bergere qu'il aime.
Amour, quels sont tes jeux cruels ?

SCENE QUATRIEME.

BAUCIS, MERCURE.

BAUCIS sortant du Temple.

Où suis-je ? Qu'ai-je vû ? Ciel, quels heureux auspices !

O vous, dont l'amitié s'intéresse à mes vœux,

Apprenez à quel point les Dieux me sont propices.

Cette main, sur l'Autel du Souverain des Dieux,

De nos treilles à peine épanchoit les premices :

    Un prodige a frappé mes yeux.

    Le Vase inépuisable

    Me rend des flots toujours nouveaux ;

    Je vois couler le torrent délectable

D'un Nectar que n'ont point enfanté nos Côteaux.

MERCURE.

De cet événement qu'espérez-vous, Bergere ?

BAUCIS.

D'obtenir l'Objet de mes feux.

MERCURE.

Ce miracle, Baucis, couvre un autre mystere ;
Je lis dans les secrets des Cieux.

BAUCIS.

Eh ! quels sont ces secrets ?

MERCURE.

Je crains de vous déplaire.

BAUCIS.

Ah ! contentez mes desirs curieux.

MERCURE.

A Philemon je crois le Ciel contraire ;
Je doute que l'Hymen le range sous vos loix.

BAUCIS.

Hélas ! a-t-il du Ciel attiré la colere ?

MERCURE.

Le Ciel s'oppose à votre choix.
Déja par vos parens votre hymen se differe.

BAUCIS.

Eux-mêmes à nos vœux consentoient autrefois.

MERCURE.

Faut-il ne vous rien taire ?

Ce nectar, plus délicieux

Que celui que vos mains avoient offert aux Dieux ;

Ce changement subit que leur puissance opère,

Est un Oracle qui m'éclaire,

Qui m'annonce pour vous un sort plus glorieux.

BAUCIS,

Je n'ai point d'autre choix à faire,

Et vous expliquez mal les volontés des Cieux.

SCENE CINQUIEME.

JUPITER, BAUCIS, MERCURE.

JUPITER.

Ne craignez point de les entendre :

Le Ciel parle pour moi, ne le démentez pas.

Pour vous du plus haut rang je me plais à descendre :
C'est moi seul que le Ciel destine à vos appas,
Et je dois obtenir le retour le plus tendre.

BAUCIS.

Seigneur, vous le sçavez, mon cœur n'est plus à moi :
Philemon est l'objet de ma flamme éternelle.

JUPITER.

L'Hymen ne vous a point asservie à sa loi.

BAUCIS.

Au tendre Philemon je veux être fidelle :
     C'est pour lui seul que mon cœur fut formé ;
Et si je ne l'aimois, je n'aurois rien aimé.
          Ces Bois, ces Vallons, ces Fontaines,
Ont vû naître avec nous de si pures ardeurs :
          S'il est quelque obstacle à nos chaînes,
          Nos feux redoublent par nos peines,
Et même je me plais à lui donner des pleurs.

JUPITER.

Non, votre cœur vous trompe, & Philemon lui-même :

S'il vous aime, Baucis, comme il faut que l'on aime,
Sacrifira sans peine un intérêt jaloux
A l'éclat que mes feux vont répandre sur vous,

BAUCIS.

Hélas! il en mourroit.

JUPITER.

Craignez moins pour sa vie;
Je prends sur moi le soin de son bonheur.

BAUCIS.

O Ciel! Que Philemon m'oublie!
Que Philemon renonce à tant d'ardeur!
Philemon trahiroit le serment qui nous lie!

JUPITER.

Au destin d'un Berger je veux vous arracher.

BAUCIS.

Quoi! nos pleurs, nos sermens, rien ne peut vous toucher?
Vos grandeurs vous offrent sans cesse
De quoi choisir mille Objets pleins d'appas.
Mon Berger n'a que moi, ne lui ravissez pas

G ij

Le seul bien que le Ciel lui laisse.

Vous ne répondez rien ! Quels regards de courroux ?

J U P I T E R.

Si vous voulez sauver mon Rival de mes coups,
Il ne doit souhaiter que votre indifférence ;
Je me reprocherois peut-être ma vengeance ;
  Et ce seroit trop tard pour vous.

   à Mercure.

Viens, suis mes pas ; je souffre autant que je l'offense.

B A U C I S.

Ciel ! il fuit : quels malheurs vont éclater sur nous !
Malheureux Philemon, que vais-je vous apprendre !

SCENE SIXIEME,

PHILEMON, BAUCIS.

PHILEMON.

Tout succede à nos vœux, nos parens réunis...

BAUCIS.

Ah ! leurs projets sont vains : je tremble, je frémis. ..

Je ne vois que le Ciel qui puisse vous défendre

Contre vos nouveaux Ennemis,

PHILEMON.

De qui puis-je attirer ou la haine ou l'envie ?

BAUCIS.

Ce perfide Etranger accueilli dans ces lieux...

PHILEMON.

Lui ! Que me dites-vous ? Grands Dieux !

BAUCIS.

Il est votre Rival, redoutez sa furie :

C'est quelque Roi puissant, voisin de ces climats :
Ses menaces ici me causent trop d'allarmes.
Ah ! je crois voir déja ses barbares Soldats,
      Malgré mes cris & mes larmes,
      Vous frapper entre mes bras.
Ah ! cruels, sur mon cœur venez tourner vos armes.

Mercure en traversant le Théatre touche Philemon
de son Caducée.

PHILEMON.

Rassurez-vous, un Dieu paroît, il fend les airs ;
      D'heureux secours nous sont offerts.

Mais quel nuage épais vient couvrir ma paupiere ?
      Je ne vois plus la céleste lumiere :
Ce sommeil seroit-il une faveur des Dieux ?
      Non, qu'il est cruel, ma Bergere,
      Puisqu'il vous dérobe à mes yeux.

SCENE SEPTIEME.

JUPITER, BAUCIS,
PHILEMON endormi.

BAUCIS.

BArbare, qu'as-tu fait ? Par quel enchantement
Contre des jours si chers armes-tu l'Enfer même ?
Achève ton ouvrage, ose dans ce moment,
Par haine ou par pitié, me joindre à ce que j'aime.

JUPITER.

Vivez, Baucis, calmez ces transports furieux.
 Ce Palais descendu des Cieux
  D'un Enchanteur est-il l'ouvrage,
  Ou le favorable présage
 D'un sort qui vous égale aux Dieux ?

BAUCIS.

Rendez-moi mon Berger, rendez-moi ma retraite,
La douce obscurité dont j'étois satisfaite.
Sans vous, hélas ! sans vous nos jours couloient en paix ;

Nous allions être unis : mes funestes attraits
Coûtent la vie à l'Amant que j'adore.
Si vous me refusez une mort que j'implore,
Je me frappe à vos yeux, & je vais, malgré vous,
Eternifer des nœuds dont vous êtes jaloux.....
Rendez-moi mon Berger....

J U P I T E R.

Votre vertu, vos charmes,
Tour à tour me donnent des loix.
L'Amour à vos appas me fit rendre les armes ;
Il immole aujourd'hui mon bonheur à vos larmes :
Du cœur de Jupiter vous triomphez deux fois.

B A U C I S.

Je respire après tant d'allarmes.
Par quels vœux, quel encens, expier mon erreur ?
Maître des Dieux, lisez mon trouble dans mon cœur.

Elle se jette aux pieds de Jupiter.

PHILEMON en s'éveillant.

Que vois-je, ô Ciel ! le puis-je croire ?
Baucis aux pieds de mon Rival !

JUPITER.

Je renonce à ce nom fatal.
Heureux Mortel, un Dieu te cede la victoire.
Venez, Bergers, soyez les témoins de sa gloire.

Les Bergers & les Bergeres paroissent.

On danse.

JUPITER.

Tendres Amans, goûtez votre bonheur ;
Les doux plaisirs, de vos pleurs vont éclore.
Bergers, qui célébrez une si belle ardeur,
Puissiez-vous par vos chants la redoubler encore.

PHILEMON & BAUCIS.

Grand Dieu, de ce Palais daignez faire le vôtre :
De ce Temple nouveau, Ministres glorieux,
A vous offrir l'encens nous veillerons tous deux ;
Qu'il n'en soit point pour vous de plus doux que le nôtre ;
Qu'après des jours passés dans ces soins précieux,
Un même instant ferme nos yeux,
Sans nous coûter de larmes l'un à l'autre.

On danse.

H

LE CHŒUR.

Grandeur brillante ,
De vos charmes trompeurs
Occupez d'autres cœurs.
Ardeur constante ,
Tendres empressemens ,
Soins toujours renaissans ,
Remplissez nos momens.

Amans fidelles .
Que vos flames sont belles ?
N'aimez qu'une fois :
Heureux par votre choix ;
Les plaisirs sont vos loix.

A nos chants , Echos , répondez tous ,
L'Amour garde pour nous
Ses traits les plus doux.
On danse.

PHILEMON & BAUCIS.

BAUCIS. { *Quel bonheur !*
{ *Notre amour est vainqueur.*

PHILEM. { *C'est trop peu que d'un cœur*
{ *Pour sentir tant d'ardeur.*

BAUCIS. *Vous m'aimez ; est-il un sort plus doux !*

ENSEMB. *Un jour plus pur va se lever pour nous.*

BAUCIS. { *Jure-moi, Berger,*
{ *De ne point changer,*

PHILEM. { *Ne crains point ce danger.*

PHILEM. { *Nos maux sont finis ,*
{ *Goûtons-en le*

BAUCIS. *Ils sont chers à ce* } *prix.*

PHILEM. *Doux momens ,*

BAUCIS. { *Nœuds charmans ,*
PHILEM. { *Enchantez tous nos sens :*

ENSEMB. *Vous vengez nos tourmens.*

BAUCIS. *Dieu d'Amour , épuise tous tes traits.*

ENSEMB. *C'est sur nos cœurs épuiser tes bienfaits.*

On danse.

LE CHŒUR.

Grandeur brillante ,
De vos charmes trompeurs
Occupez d'autres cœurs.

Ardeur constante,
Tendres empreffemens,
Soins toujours renaiffans,
Rempliffez nos momens.

Amans fidelles,
Que vos flammes font belles !
N'aimez qu'une fois :
Heureux par votre choix ;
Les plaifirs font vos loix.

A nos chants, Echos, répondez tous,
L'Amour garde pour nous
Ses traits les plus doux.

F I N.